KB233796

기도와 예배로

# 예루살렘까지

## 기도와 예배로 예루살렘까지

초판 1쇄 찍은 날 · 2006년 7월 24일 | 초판 1쇄 펴낸 날 · 2006년 7월 29일

지은이 · 조반석 | 펴낸이 · 김승태

편집장 · 김은주 | 편집 · 정은주, 이덕희, 권희중 | 디자인 · 노지현, 이훈혜
영업 · 변미영, 장완철 | 물류 · 조용환, 유일용
드림빌더스 · 고종원, 이민지 | 홍보 · 설지원

등록번호 · 제2-1349호(1992. 3. 31.) | 펴낸 곳 · 예영커뮤니케이션
주소 · (110-616) 서울 광화문우체국 사서함 1661호 | 홈페이지 www.jeyoung.com
출판사업부 · T. (02)766-8932  F. (02)766-8934  e-mail: jeyoungedit@chol.com
출판유통사업 · T. (02)766-8931  F. (02)766-8934  e-mail: jeyoungsales@chol.com

ISBN 89-8350-405-6 (03230)

**값** 4,800원

기도와 예배로

# 예루살렘까지

조반석 지음

# 머리말

크리스천의 궁극적 소망은 무엇일까? 다름 아닌 다시 오실 예수님을 맞이하는 것이다. 특히 오늘날 세계 곳곳에서 일어나는 기상이변, 전쟁과 기근, 에이즈 등 말세적 징조들을 볼 때에 더욱 그러하다. 성경에 의하면 이 재림은 모든 민족에게 복음이 전파되면 그제야 끝이 온다고 했다.

이를 위해 하나님께서 일해 오셨다. 하나님의 마음은 모든 민족이 구원을 얻기를 간절히 바라시기 때문이다. 그래서 성령을 부으시고 선교를 위해 여러 전략들을 보여주셨다. 사도 바울을 유럽으로 인도하시고, 영국, 미국, 한국과 중국으로 선교의 중심축을 옮기셨다.

특히 오늘날 성령님께서 급하게 일하시고 계신다. 미전도 종족선교에 대해 인식케 하셨고 10/40창을 보여주셨다. 중국교회 안에 백 투 예루살렘(Back to the Jerusalem)의 비전을 일으키셨다. 부흥과 함께 실크로드 3선을 통해 새로운 복음의 길을 열어가도록 말씀하셨다.

그러면 한국교회의 사명은 무엇일까? 부흥을 주신 이유는 무엇일까? 다름 아닌 중국교회와 함께 선교 완성을 향해 힘차게 달려가는 것이다. 이 사명을 어떻게 감당해나갈 것인가? 이 시대에 하나님의 전략은 무엇인가? 이러한 고민과 함께 기도 중에 성령께서 깨닫게 하신 것이 바로 활 전략이다.

이 활 전략은 10/40창을 중심으로 전개되는 영적전쟁에 승리하기 위한 종합적 차원의 '영적전략도'라 할 수 있다. 영적 방어전선과 공격, 자원의 동원과 연합적인 지원을 전략적으로 결합하는 것이다. 즉 활대처럼 이어지는 이슬람권, 힌두권, 불교권과의 방어전선, 활선처럼 이어지는 몽골, 중국, 필리핀의 선교자원들의 동원과 훈련의 연대, 한국과 서방교회들의 연합과 지원라인을 통해 이 활을 당겨 성령의 불화살 같은 젊은이들을 날리는 것이다. 그리하여 이슬람권과 힌두권, 불교권의 견고한 진들을 뚫고 예루살렘까지 이르는 것이다.

무엇보다 이 활 전략은 한국교회의 회복으로부터 출발한다. 즉 자본주의로 오염된 남한과 개인 우상숭배로 일그러진 북한이 복음으로 회복되어 십자가의 군대로 일어서는 것이다. 더불어 한국교회의 섬김을 통해 중국 전역을 기도의 그물로 짜서 많은 선교의 자원들을 건져내는 것이다. 즉 한국교회의 회복과 중국교회의 선교적 전환이 연결되는 것이다.

특히 중국은 세계 1/4의 인구, 다양한 소수민족과 접경지역으로 연결되어 세계복음화를 위한 결정적인 나라임에 틀림없다. 더불어 2007년은 한국교회의 부흥100주년, 중국선교의 200주년과 함께 2008년 베이징 올림픽은 결정적인 전환점이 될 것이라고 생각한다. 2008베이징 올림픽은 선교중국으로 일어서도록 한국교회가 섬길 수 있는 하나님께서 허락하신 기회임에 틀림없다.

특히 한국에서 일어나는 단기선교자원들을 전략적으로 연

결한다면 생각하지 못한 귀한 일들을 할 수 있을 것이다. 특히 선교한국 등을 통한 청년학생들의 참여와 한인교회 및 선교사, 해외교회들의 연합이 이루어진다면 중국교회가 선교중국으로 일어서는 귀한 밑거름이 될 것이다. 이러한 차원에서 두 편으로 나누어 전략적 세계선교를 위한 활 전략과 함께 2008베이징 올림픽과 한국교회의 역할, 특히 단기선교자원의 활용방안을 제안하였다. 오직 한국교회와 더불어 전 세계 모든 교회들이 연합하여 이 일을 이루어갈 수 있기를 바랄 뿐이다. 마침내 모든 백성과 방언과 족속이 함께 다시 오시는 예수님을 찬양하는 광경을 사모하며 이 글을 드린다. 아멘 주 예수여 어서 오시옵소서!

더불어 이 전략을 듣고 선뜻 출판을 결정해주신 김승태 사장님과 김은주 편집장님, 편집에 수고하신 정은주 자매님을 비롯한 예영커뮤니케이션 식구들에게 감사드린다. 더불어 기도와 사랑으로 격려해주신 가족들과 동역자들에게 감사드린다.

_ 2006년 7월 6일 무익한 종 조반석

# 추천의 글 1

김학유 교수_합동신학 대학원, 선교학; OMF 이사

오랜 동안의 선교지 경험을 바탕으로 중국 선교와 세계 선교를 위한 전략적 연구를 해왔던 저자의 통찰력과 열정이 돋보이는 책이라고 할 수 있다. 한국교회의 선교 전략이 다소 막연하고 부정확한 면을 지니고 있었던 점에 반해 이 글은 비교적 구체적이고 상세한 선교 전략을 제시하고 있다. 세계 복음화를 위한 전략적 대안으로서 중국 선교의 중요성과 시급성을 주장하고 있는 저자의 통찰력이 돋보이는 책이라고 할 수 있다. 세계 선교계에서 정설로 받아 들여지고 있는 다양한 이론들을 저자 나름대로의 경험과 통찰을 통해 비교적 상세하고 깊이 있게 다루었다는 점에서 이 글의 가치가 있다고 본다.

저자는 이 글을 통하여 세계 복음화를 위한 과정으로서 중국선교의 중요성과 앞으로 중국 교회가 세계 선교사역에 끼칠 선교적 유익과 효과에 대해 매우 통찰력 있는 전략들을 제시하고 있다. 10/40 Window의 관문으로서 중국복음화의 전략적 중요성, 다양한 종교를 신봉하고 있는 민족들을 자국 안에 가지고 있는 중국의 문화적, 종교적 특성을 활용한 선교전략, 베이징 올림픽이 가져올 인적, 문화적, 경제적 유동성을 활용한 선교적 접근방법, 중국이 지니고 있는 독특한 정치적, 종교적 상황을 고려한 단기사역의 효율성과 구체적인 전략, 중국 선교의 관문으로서 전략적으로 우선시 되어야 하는 100대 주요 관문 도시의 선정, 베이징 올림픽을 겨냥한 단기 선교사 파송을 위한 구체적인 전략적 단계제시 등 다양하고 효율적인 선교방법과 전략을 담고 있다.

저자가 제시하고 있는 선교전략인 "활" 이론은 매우 독특하고 흥미로운 이론이라고 할 수 있다. 중국을 세계선교의 관문으로 활용하기 위한 통찰력 있는 이론으로서 저자 자신의 답사와 연구, 다양한 전략가들의 이론들을 통합한 형태의 실천적 모델이라 할 수 있다. 중국 내 각 도시의 영적 상황과 그들이 지니고 있는 선교적 역량, 중국이 감당해야 할 선교지의 영적 상황과 전략적 필요, 이를 수행하기 위한 세계 교회의 네트워크 등을 포함하는 실천 가능한 전략 모델로서 저자의 독특한 통찰력을 담고 있는 선교전략이다. 특히 저자가 선정한 100대 전략적 관문 도시는 전략적으로 매우 중요한 도시들로서 한국 교회가 관심을 갖고 선교역량을 집중해야 할 곳들이다.

저자가 구체적으로 제안하고 있는 단기 선교전략 또한 눈여겨볼 필요가 있다. 중국선교를 위한 단기선교의 유용성과 효율성에 관한 언급과 더불어 다가오는 2008년 베이징 올림픽을 위한 단기선교전략은 매우 구체적이고 효과적인 전략이라 할 수 있다. 동원, 양성, 동역, 네트워크, 파송 등의 구체적인 단계별 제안은 베이징 올림픽을 앞둔 한국교회의 단기 선교전략에 다양한 통찰들을 제공해주고 있다. 중국선교를 계획하고 있는 선교단체의 지도자들과 학생 선교단체의 선교 전략가들이 참고할 만한 충분한 가치가 있다고 본다.

본 저서는 선교사와 선교 전략가로서의 저자의 풍부한 경험과 통찰력이 담겨있는 책이다. 2007년은 중국 선교 200주년과 "평양 대 부흥운동" 100주년을 기념하는 해이다. 선교 역사적으로 중국과 한국 모두에게 의미 있는 시기에 중국선교의 중요성을 알리고, 중국이 앞으로 감당하게 될 선교적 사명의 전략적 중요성을 일깨워주는 이 글은 선교지망생들과 선교전략가 모두에게 중요한 통찰을 제공할 것이다. 긴 글은 아니지만 저자의 사역경험과 통찰을 담고 있는 독특한 선교전략 이론을 눈여겨 볼 가치가 있다.

# 추천의 글 2

한철호 선교사_선교한국 상임위원장

한국교회는 지난 25년 동안 매우 빠르게 세계 선교에 참여하기 시작했다. 1980년에 타문화권 선교사로 나간 사람이 100명 미만이었는데, 2006년 현재는 15,000명을 넘어서고 있다. 이러한 변화는 놀라운 하나님의 은혜임과 동시에 한국교회에 주어진 큰 사명이요 과제다. 이제 한국교회는 앞으로 25년 동안 어떻게 선교할 것인가에 대해서 고민하면서 새로운 방향을 모색해 가고 있다. 그 중 가장 중요한 논의는 바로 전략적인 선교이다. 이제까지 선교사를 많이 파송하는 일에 전념했다면 이제는 효과적인 세계복음화를 위해 전략적인 선교가 일어나야 한다.

전략적인 선교는 선교사에게만 해당되는 것이 아니다. 선교사를 파송하는 교회도 전략적이어야 한다. 그래야만 필요한 지역에 필요한 선교사를 파송하고 자원을 투자하게 된다. 이제까지 한국교회는 별다른 전략 없이 선교사를 많이 파송하는 데에만 관심을 두었다. 그 결과 여러 가지 문제점들이 발견되고 있다. 대표적인 것이 선교여행이다. 많은 성도들이 단기선교라는 이름으로 선교여행에 참여하고 있다. 선교여행을 통해서 선교에 대한 큰 도전과 현지에서 복음을 부분적으로 전할 수 있는 기회를 가질 수 있다. 그러나 또 한편에서는 잘 준비되지 못하고 일회적인 선교여행이 마구 진행되고 있다. 전략적이지 못하기 때문에 선교한다고 하면서도 귀중한 자원과 시간이 낭비되고 있다.

또 한 가지 언급하길 원하는 것은 세계선교의 중요한 전략적 지역은 중국이라는 점이다. 단지 중국이 선교 대상지역으로만이 아니라 중국교회가 선교하는 교회가 되는 것이 세계복음화에 중요한 전환점이 된다는 점에서 더욱 그러하다. 지난 50년 동안 고난 가운데 있었던 중국교회는 다른 한편으로 하나님의 놀라운 은혜를 경험하며 수많은 그리스도인들과 교회가 생기고 있다. 한 걸음 더 나아가 중국교회 안에 예루살렘까지 복음을 전파하자는 운동이 일어나고 있다. 오늘날 중국은 경제, 정치, 문화적으로 세계의 핵심국가로 등장하고 있다. 이러한 국가적 위상의 변화와 중국교회의 급속한 발전은 중국교회가 곧 세계 선교에 중요한 역할을 하게 될 것임을 쉽게 예측하게 해준다. 특히 2008년에 열리는 베이징 올림픽은 이러한 흐름에 결정적 전환점이 될 것이다. 한국교회가 1988년 서울 올림픽을 전후로 선교하는 교회로 전환된 것을 볼 때 2008년 베이징 올림픽은 중국교회가 하게 될 선교에 커다란 전환점이 될 것이다.

앞에서 언급한 두 가지 정황을 아울러 볼 때, 한국교회가 2008년 베이징 올림픽을 전후로 중국을 향한 전략적인 단기선교를 한다면 중국선교에 커다란 획을 긋게 될 것이다. 본 책은 이러한 변화들을 예측하면서 올바른 중국 단기선교전략을 소개하고 효과적인 단기선교사운동이 일어나게 하기 위해 쓰여진 책이다.

백 투 예루살렘으로 표현된 중국교회의 선교 비전은 지난 20

년 동안 세계교회가 전략적으로 집중해 온 10/40창 지역 선교와 밀접하다고 볼 수 있다. 이것은 이제까지 서구에 의해서 주도되던 선교가 이제는 2/3세계 국가들에 의해서도 주도된다는 것을 의미한다. 즉 다른 말로 하면 오늘날 선교의 가장 큰 패러다임의 변화는 범세계적 교회(Global Church)에 의한 전 세계적 선교(Global Mission)가 이루어지게 되었다는 것이다. 이러한 과정에서 2/3세계선교의 선두에 서있는 한국교회에게 맡겨진 역할이 있다는 것이다. 이런 점에서 조반석 선교사의 활 이론은 중국복음화와 중국교회를 통한 세계복음화에 대한 한국교회의 역할과 전략에 커다란 도전이 될 것임에 분명하다.

차 례

# 2008베이징 올림픽과 한국교회의 역할

전략적 **세계선교**를 위한

Back to the Jerusalem

**활 전략**

# 전략적 **세계선교**를 위한
Back to the Jerusalem
# 활 전략

## I. 들어가는 말

주어진 목표를 달성하기 위해서는 전략적 접근을 해야 한다
고 한다. 즉 전략적인 접근을 통해 인적 자원과 물적 자원을 효
과적으로 활용하기 위해서다. 선교에 있어서도 마찬가지이다.
우리는 예수님의 지상명령을 수행하기 위해서 전략적인 접근이
필요하다고 본다. 따라서 주께서 세계교회에 허락하신 인적 자

원과 물적 자원을 최대한 효과적으로 잘 결합하여 운영해 나가야 한다.

그런데 지상명령 성취를 위한 가장 전략적인 접근은 무엇일까? 다름 아닌 성령께서 인도하시는 대로 움직이는 것이다. 성령께서는 하나님의 뜻을 가장 잘 알고 계신다. 뿐만 아니라 이 땅의 교회의 인적, 물적 자원을 가장 잘 파악하고 계시는 분이시다.

우리는 성령께서 사도 바울을 환상을 통해 인도하신 것을 안다. 아시아로 가려던 길을 막으시고 마게도냐로 건너가라고 하셨다. 그 후 성령의 인도 따라 선교의 중심은 유럽, 영국, 미국으로 흘러왔다. 그리고 그 중심은 오늘날 한국에서 중국으로 옮겨가고 있다. 성령께서는 이러한 흐름을 계속해서 알려주시며 일하실 것이다.

이미 사도행전에서 약속하셨기 때문이다. 말세에 하나님께서는 모든 육체에 성령을 부어주실 것이라고 하셨다. 자녀들은 예언할 것이요 젊은이들은 환상을 보고 늙은이들은 꿈을 꿀 것이다. 남종과 여종에게 성령을 부어주셔서 예언하리라고 하셨다. 주의 이름을 부름으로서 구원을 얻도록 하시기 위해서다. 그 말씀대로 성령을 통해 새로운 흐름들을 깨닫게 해 주시는 것이다.

하나님께서 20세기 후반에 들어와 미전도 종족선교에 대해 인식케 하셨다. 더불어 10/40창을 보여주고 전략적 선교를 할 수 있게 하셨다. 이 10/40창은 상황에 대한 이해와 함께 이 지역에 초점을 맞추도록 하였다. 하지만 구체적으로 어떠한 경로나 방법을 말하지는 않았다. 이런 차원에서는 한계가 있다고 볼 수 있다.

그래서 하나님께서는 중국교회에 백 투 예루살렘(Back to the Jerusalem)의 선교전략을 보여주셨다고 볼 수 있다. 이 백 투 예루살렘은 실크로드 3선을 따라 구체적인 경로와 방법을 제시하고 있다. 공격적인 차원의 전략이라고 볼 수 있다. 그러나 이 백 투 예루살렘의 전략도 한계점이 없는 것은 아니다. 그것은 바로 종합적인 차원에서의 전략이 아니라는 점이다.

즉 10/40창 전략을 통해 이 지역이 영적전쟁의 현장이라는 것을 이해하였다면 우리는 좀 더 종합적으로 전략을 구사할 필요가 있다. 무릇 전쟁에는 공격과 방어, 그리고 자원의 동원과 연합적인 지원 등을 통해 종합적으로 전개되어야 한다. 그래서 성령께서는 한국교회의 미력한 자에게 활 전략을 보여주셨다고 생각한다.

마지막 시대의 영적전쟁에 승리를 바라면서 이러한 활 전략을 함께 나누고자 한다. 이에 본서는 10/40창에 대한 전략적인 측면과 백 투 예루살렘에 대한 전략을 살펴본 후 활 선교전략에 대해 소개하기로 한다.

## II. 10/40창의 선교적 개념

미전도 종족에 대한 선교의 필요성이 제기된 것은 80년대였다. 90년대에 들어와서는 세계교회와 한국교회는 추구해야 할 선교 대상으로 인식하기 시작했다. 하지만 정작 미전도 종족에 대한 전략적인 개념은 형성되고 있지 못하였다. 즉 필요성은 인식하였지만 접근방식은 여전히 전통적 패러다임에 머물러 있었다.

이러한 과도기적 상황에서 나온 것이 10/40창(10/40 Window) 개념이다. 다소 도식화한 면이 없지는 않다. 하지만 성경적 논리에 근거를 둔 미전도 종족 선교의 개념을 이 시대의 정황을 고려하여 매우 전략적으로 재구성한 것이라 할 수 있다.

## 10/40창이란

10/40창 선교 개념이 나온 것은 세계 미전도 종족의 90% 이상이 10/40창에 집중되어 있다는 통계자료 분석의 결과이다. '10/40 창'(10/40 Window)이라 함은 북위 10도에서 북위 40도의 사각형 - 아프리카와 아시아만 해당 - 안에 들어가는 지역을 말한다.

전 세계 인구의 60%가 이 지역 안에 살고 있다. 토지 면적은

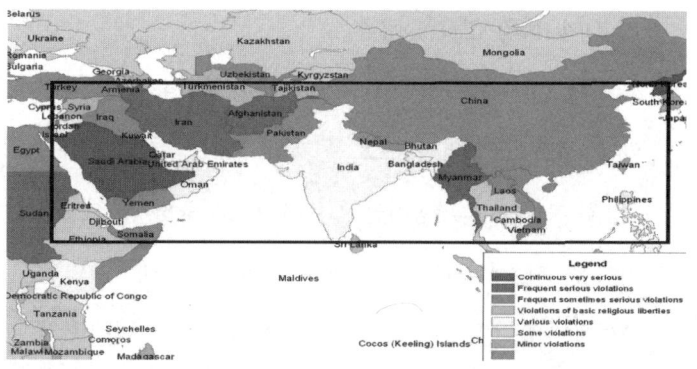

전 세계의 1/3에 해당되지만 인구는 전체의 2/3가 이 지역 안에 살고 있다. 그리고 세계에서 가장 미(未)복음화 된 55개 국가, 30억 인구 중 97%의 인구가 바로 이 '10/40 창' 이라는 지역에 살고 있다. 따라서 '우리는 선교의 노력을 이 지역으로 집중해야 한다' 고 1989년의 마닐라 로잔 대회에서 대두되었다.

우리가 여기서 필요한 것은 10/40창 선교환경을 바로 이해하는 것이다. 10/40창 선교환경에 대한 이해 없이 올바른 접근 전략 도출이 어렵기 때문이다. 10/40창 선교환경은 다음과 같은 전략적 개념으로 요약될 수 있다.

## 10/40창의 선교적 개념

**첫째,** 10/40창 지역의 95% 이상은 소위 창의적 접근지역이다. 즉 선교접근 제한지역으로 분류되고 있다는 점이다. 따라서 이러한 지역에서는 전통적인 선교 형태가 불가능하거나 효율적이지 못하다. 예외적인 지역이나 경우가 있겠으나 대개 사역 형태면에서 전문인 선교(Tentmaker Mission)가 가장 효율적이고 전략적인 것이 된다.

**둘째,** 10/40창 지역은 소위 원주민 혹은 토인 등 매우 토속적이고 문명의 혜택을 받지 못하는 전통적인 사회 집단을 이루고 있는 것이 아니다. 오히려 대부분이 근대화되고 산업화된 강력한 중앙집권적인 국가 형태를 갖추고 있거나, 이러한 국가 내 소수민족 집단을 이루고 있다는 것이다. 과거에 서구교회의 집요한 선교 영역 확장에도 불구하고 많은 종족이 아직도 여전히 미전도된 상태로 남아 있다. 이것은 그들이 숨겨진 종족집단(hidden people)이었기 때문이 아니라 강력한 국가를 형성하고 있었기 때문이다. 즉 이들 대개는 북한, 중국, 터키, 이란, 베트남 등과 같이 서구세력 혹은 서구의 선교적 침투를 대항할 수 있는 국가를 형성하고 있다. 물론 미전도 종족들 가운데 숨겨진 종족(hidden people)이 전혀 없는 것은 아니다. 그러나 전체 미전도 종족에서 차지하는 비율은 극히 미약하다. 결론적으로 말하면, 미전도 종족의 대부분은 창의적 접근지역 혹은 선교접근 제한 지역에 속한다고 볼 수 있다.

**셋째,** 10/40창 지역은 이슬람교, 힌두교, 불교, 유교 등 전통적이고 세계적인 강력한 종교 집단을 이루고 있다. 또한 세계적인 문명권의 발생지들이 집중되어 있다. 이러한 사실은 10/40창이 왜 지금까지 가장 미(未)복음화된 지역으로 남아있는가에 대한 답을 주고 있다. 이것은 2차 대전 이후에 세계 선교계를 주도해 온 문화인류학적/사회과학적 접근 방법의 한계성을 말해주고 있다는 것이다. 즉 10/40창의 역사는 긴 인류의 역사를 통해서 끊임없이 계속되어 온 신들의 전쟁사였다. 또한 현대 이후에도 그 전쟁은 치열하게 계속되고 있다. 10/40창은 영적전쟁의 현장인 것이다.

**넷째,** 10/40창은 세계에서 도시인구 집중 비율이 가장 높은 지역으로 알려져 있다. 그 대표적인 나라가 우리 한국 이외에 태국, 터키 등이다. 다른 대륙에 비해 10/40창 대부분의 국가들이 정도의 차이는 있으나 도시인구 집중 현상이 심각하다. 따라서 10/40창 선교는 도시선교가 주가 되어야 함을 알 수 있다.

**다섯째,** 10/40창 선교전략에 있어서 중국은 다른 10/40창 지역의 관문국가라고 볼 수 있다. 현재 중국의 인구는 전 세계 인구의 약 4분의 1에 해당하며 불신자 가운데 절반에 가까운 수가 살고 있는 세계 최대의 미전도 지역이다. 또한 중국은 한족과 55개 소수민족으로 구성되어 있고 이슬람교, 불교, 민간신앙 등 다양한 종교와 문화를 지니고 있다. 특히 주변에 약 16개 국가와 인접하고 있고 주변국가의 종교는 불교, 힌두교, 이슬람교, 그리고 유물론이다.

따라서 중국이 복음화 되면 그 주변국가에 미치는 파급효과는 매우 크다고 할 수 있다. 더불어 전 세계적으로 특히 동남아에 흩어져 있는 3천만 이상의 중국인과 그 후손들도 세계선교에서 중요한 역할을 하게 될 것이다. 이러한 측면에서 최근 1억 명으로 추산되는 중국교회의 부흥과 선교적 관심은 주목해야 할 필요가 있다고 하겠다.

**여섯째,** 한국교회 역시 10/40창에 속해 있다는 점이다. 크게 10/40창은 아시아권과 북부 아프리카권으로 구성되어 있다. 이 중 한국은 아시아권에서 실질적인 복음화율이 가장 높은 나라이다. 따라서 한국교회의 10/40창 선교접근은 서구교회의 10/40창 선교접근과는 전략적으로 달라야 할 것이다.

## 10/40창 개념의 한계

그런데 10/40창의 부족한 점에 대해서는 고려할 필요가 있다. 그것은 10/40창 선교전략이 통계학적으로 이런 지역의 상황이 어떠하다는 진단의 측면이 강하다는 점이다. 상황을 이해하는데 도움이 되지만 어떻게 해결할 것인지 구체적인 경로와 방법이 제시되지 않고 있다. 좀 더 엄밀하게 말하면 집중해야 할 선교대상 지역에 초점을 맞추게 하였지만 구체적인 전략은 제시하지 않은 과도기적인 것이라고 할 수 있다.

따라서 10/40창에 이은 새로운 전략이 나올 필요가 있다. 우리는 새로운 전략이 10/40창의 지역인 아시아권과 아프리카권에서 나올 가능성을 열어놓아야 한다.

이런 점에서 10/40창에서 큰 비중을 차지하고 있는 중국과 복음화율이 높은 한국교회 안에 일어나는 성령의 흐름을 주목할 필요가 있다. 그 중의 하나로써 최근 활발하게 일어나고 있는 '백 투 예루살렘'의 비전은 또 다른 가능성을 제시하고 있다. 그런 차원에서 먼저 백 투 예루살렘 선교전략에 대해 좀 더 구체적으로 살펴보려 한다. 그리고 한국교회를 통해 주시는 선교전략을 살펴보기로 하겠다.

## III. 백 투 예루살렘 선교전략

## 백 투 예루살렘의 비전

'백 투 예루살렘(Back to the Jerusalem, 傳回耶路撒冷)'은 중국이 공산화되기 전인 1940년대에 중국 대륙 동부 지역의 헌신된 그리스도인들에게 주신 선교비전이었다. 이 비전에 따라 그들은 서북을 향해 나아갔다. 이 비전은 다름 아닌 중국 전역에 복음을 전파하고 서쪽으로 더 나아가 실크로드를 따라 복음을 전파하자는 것이다. 그리하여 남부의 힌두권과 불교권, 중부의 이슬람권을 복음화하고 마침내 예루살렘까지 복음이 이르게 하자는 것이다. 결국 이를 통해 예루살렘에서 시작된 복음전파가 이제 지구를 한 바퀴 돌아 다시 예루살렘에 이르게 된다면 그것이 바로 세계복음화의 완성이 된다는 비전이다.

백 투 예루살렘은 이슬람교, 불교, 힌두교의 주요 종교지역을 복음화하는 것을 의미한다. 이 비전을 위해 중국교회는 10만 명의 선교사를 파송하겠다고 말하고 있다. 중국 지하 교회 지도자들은 100만 명의 헌신된 일꾼들이 있다고 본다. 그 중 적어도 십분의 일은 해외 선교사로 내보내야 한다는 것이다. 그러나 수가 중요한 것이 아니다. 그들의 최종적인 목적은 10만 명이 아니라 온 세상이 복음화 될 때까지 예수님의 명령을 완수하는 것이다.

### 실크로드와 백 투 예루살렘

이 백 투 예루살렘은 중국의 실크로드와 밀접한 관계가 있다. 실크로드는 7세기 유럽과 중국이 무역하기 위해 개척된 길로써, 이 무역로를 통해 유럽과 북아프리카 중동지역의 물물과 종교가 들어왔었다. 그러나 이제는 역으로 그 길을 따라 중동과 북부아프리카에까지 복음을 전하겠다는 비전이다.

실제로 이 지역은 대부분의 미전도 종족이 현존하는 지역으로 최우선적인 복음전파가 필요한 지역이다. 실크로드는 한 개가 아니라 여러 개인데, 백 투 예루살렘의 전략은 삼선(三線)을

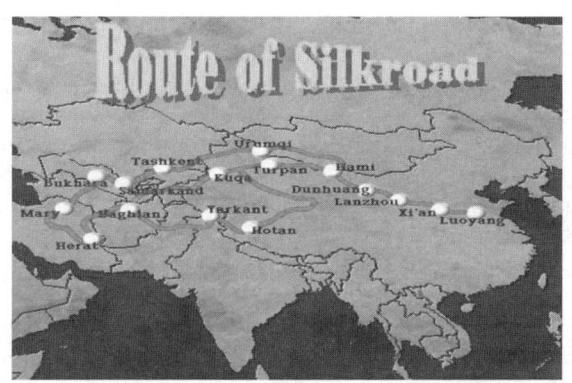

따라 복음을 전한다는 것이다. 서안에서 예루살렘에 이르는 길, 중국 남부에서 인도차이나반도를 지나 예루살렘과 유럽에 이르는 길, 사천성 성도(成都)에서 부탄과 북인도 네팔 등의 지역을 통과해서 실크로드와 합하는 길이다. 그리고 북쪽으로 몽골을 통해 러시아, 중앙아시아를 거쳐 가는 길이다. 이처럼 백 투 예루살렘은 이슬람 국가들만 아니라 서남 중국의 소수민족과 동남아시아 국가들도 포함하고 있다.

이 비전을 위해 현재 중국에서 여러 젊은이들이 아랍어와 영어를 배우며 준비하고 있다. 이것보다 더 중요한 훈련은 바로 하나님께서 중국교회를 지난 50년 동안 고난과 핍박으로 훈련시킨 것이다. 그들이 이슬람교, 불교, 힌두교 지역에 가서 복음 전하다가 당하게 될 고난을 이미 다 당하게 하셨다. 50년 동안의 투옥과 고문과 고난을 통해 중국교회를 연단시켰다. 이제 그들이 세계복음화를 위해 고난 받을 것을 자청하고 나선 것이다.

선교전략적 관점에서 본다면 백 투 예루살렘은 새로운 것이 아니라고도 한다. 즉 10/40창 미전도 지역선교에 대한 중국교회 식의 표현이라는 것이다. 실제 백 투 예루살렘이 집중 전도하려는 지역은 지난 몇십 년 동안 세계선교가 집중해 왔던 지역에 대한 선교전략이다. 그럼에도 불구하고 백 투 예루살렘은 선교전략적 측면에서 매우 중요한 도전을 주고 있다.

## 백 투 예루살렘의 선교전략적 측면

**첫째,** 중국이 선교대상국에서 선교파송국으로 변하고 있다는 점이다. 이것은 이미 예견된 사실이다. 지난 수십 년간의 중국교회의 성장은 결국 선교적 비전으로 연결될 것이라는 예측을 해 왔기 때문이다.

**둘째,** 백 투 예루살렘은 아시아의 교회로부터 나온 세계적인 선교전략이라는 점이다. 이미 주지하고 있는 대로 세계선교의 흐름은 서구교회 중심에서 2/3세계교회로 이동하고 있다. 그리고 이제는 온 세계의 교회가 함께 협력하는 시대로 들어섰다. 그런 상황에서 아직 고난 받고 있는 중국교회로부터 전 세계적인 선교전략이 나왔다는 것은 매우 주목해야 할 사실이다. 비록 백 투 예루살렘이 10/40창 패러다임과 유사한 것이라 할지라도 아시아 교회에 의해 전 세계복음화를 위한 새로운 제안이 나왔다는 것은 반가운 일이 아닐 수 없다. 실제 백 투 예루살렘이 주장하는 선교방식은 새로운 패러다임 혹은 탈 서구적 패러다임을 제시하고 있다. 서구선교를 답습하거나 일방적인 선교가 아니라 그들이 중국교회 내에서 이루어진 경험과 성경적 관점에서의 선교 패러다임을 가지고 있다는 것을 보여준다.

**셋째,** 구체적 전략을 가지고 있다는 점이다. 중국교회는 선교에 있어서 비교적 초기단계에 있다. 하지만 나름대로의 구체적인 전략을 가지고 접근하고 있다. 백 투 예루살렘은 그들이 집중적으로 선교사를 파송할 51개의 미복음화 국가들을 선정했다. 그리고 파송할 선교사들을 지원할 인프라를 구축해가고 있다. 앞서 언급한 실크로드의 삼선(三線)을 따라 다양한 계층의 자비량 및 평신도 전문인 선교사들을 파송하려는 계획을 가지고 있다. 또한 일 년 정도 중국을 떠나 사역하다가 돌아오는 단기선교사들과 장기선교사를 구분해서 훈련시키고 있다. 백 투 예루살렘은 중국교회만의 사역이 되지 않고 타국의 그리스도인들과 함께 동역하고자 노력하고 있다. 무엇보다도 백 투 예루살렘을 실현하는데 있어서 많은 대가와 고난이 따를 것을 예상하고 있다. 그런 고난에 대비하여 하나님께서 중국교회를 이제까지 고난 가운데 있게 하셨다는 확신을 그들은 가지고 있다.

**넷째**, 백 투 예루살렘은 10/40창 지역을 뒷문을 통해서 들어가는 전략이라는 것이다. 이제까지 10/40창 지역의 복음전파가 유럽교회에 의해서 정문으로의 돌파를 시도했다. 하지만 그 결과는 그 지역의 강력한 저항으로 인해서 성공적이지 못했다고 할 수 있다. 이해 반해 중국교회의 선교 참여는 10/40창 지역의 뒷문을 통해 들어가는 것이다. 10/40창 지역의 국가들은 정문을 굳게 지키고 있는 동안 중국 서부지역을 통해 후문으로 들어오는 복음에 대해서는 별다른 경계를 하지 않고 있는 상황이다. 일반적으로 선교지에서 중동과 중앙아시아의 모슬렘 국가들이 전혀 다른 문화의 서구 선교사들의 진입을 무척이나 경계하고 배격한다. 반면에 중국 서부지역을 통한 중앙아시아의 접근은 언어적으로나 종족적으로 유사문화권 선교가 되기 때문에 훨씬 접촉하기가 쉽고 수용성도 높을 것이다. 중국교회를 통한 10/40

창 지역 전도는 이런 점에서 전략적으로 매우 중요한 위치에 있다고 볼 수 있다.

## 백 투 예루살렘에 대한 비판적 의견

물론 백 투 예루살렘에 대한 비판적 의견도 만만치 않다.

**첫째,** 현재 중국 밖에서 주도하고 있는 백 투 예루살렘이 중국교회 선교 전체를 대변할 수 없다는 것이다. 중국이란 나라는 너무 크고 다양하고 복잡하기 때문이다. 하지만 접근 방법의 다양성에도 불구하고 백 투 예루살렘 비전 자체는 대부분의 중국 가정교회의 지도자들이나 중국 디아스포라 교회들의 지지와 동의를 받고 있다고 할 수 있다.

**둘째,** 중국교회의 선교적 잠재력에 대한 평가도 사람들마다 매우 다르다. 현재 중국교회가 가지고 있는 구조적 문제를 제기한다. 즉 가정교회와 삼자교회의 분리로 인한 전 교회적 지도력의 분산, 신학적으로 건강하지 못한 교회 집단들의 존재 등을 말

한다. 이 때문에 중국교회가 이런 대규모적인 선교비전을 당장 수행할 인프라와 재정적 지원 선교사를 위한 훈련 등의 능력이 있는가에 대해 의심하는 입장이다.

**셋째,** 백 투 예루살렘이 외부 사람들에 의해 활성화되면 그 결과로 중국 안에서의 박해가 더 심해질 수도 있다는 것이다. 중국사회가 점차 개방되어 가고 있지만 아직 정치적으로는 매우 통제된 사회이다. 그래서 백 투 예루살렘의 확산이 중국정부로 하여금 중국교회를 핍박하는 구실을 제공할 가능성은 있다.

그런데 이러한 비판에도 불구하고 중국교회가 선교하는 교회로 서길 바라는 세계교회의 기도제목은 현실적으로 응답되고 있다. 세계복음화의 관점에서 선교하는 중국교회는 앞으로 엄청난 잠재력을 가지고 있으며, 남겨진 과제의 신속한 완성을 의미한다.

그래서 위와 같은 상황적인 비판보다는 전략적 차원에서 한

걸음 더 나아가는 보완적인 접근이 이루어져야 할 것이다. 즉 현재의 비판을 엄밀히 분석하면 비전에 대해서가 아니라 이끌어가는 지도자, 잠재력, 중국사회 등의 상황에 대한 문제를 지적하고 있다.

오히려 전략적인 차원에서의 백 투 예루살렘의 한계는 다름 아닌 실크로드 삼선을 따라가는 다분히 단순한 공격적인 측면을 강조하고 있다는 점이다. 따라서 종합적인 차원에서의 전략을 도모한다면 마지막 시대에 영적전쟁의 승리를 위해서 한 걸음 더 나아갈 수 있을 것이다. 그것이 필자가 나누고자 하는 활 전략이다.

# IV. 활 선교전략

## 활 전략의 배경

앞서 서론에서도 말했듯이 성령께서는 마지막 시대가 다가 올수록 좀 더 구체적이고 종합적으로 보여주신다고 생각한다. 먼저는 10/40창을 통해 지역 상황에 대한 이해와 초점을 맞추게 하셨다. 그리고 백 투 예루살렘이라는 공격중심의 선교전략을 보여주셨다. 하지만 마지막 시대의 영적전쟁을 위해서는 좀 더 종합적인 전략이 필요하다. 바로 두 가지 전략의 한계에 대해 고민할 때에 성령께서 깨닫게 해주신 것이 바로 활 전략이다.

그 고민은 바로 중국교회의 백 투 예루살렘을 통해 10/40창을 공략해 들어갈 뿐만 아니라 서방교회가 연합하여 세계선교의 동반자로서 나아갈 필요가 있다는 점으로부터 출발했다. 그래서 서방교회를 잘 이해하고 또 중국교회를 섬길 수 있는 한국교회에서 나와야 한다고 생각했다. 이러한 고민을 하며 기도하던 중에 필자에게 활이라는 환상을 통해 깨닫게 해주셨다.

즉 지금 백 투 예루살렘에서 이야기하는 실크로드 3선이라는 단순한 공격중심에서 한 걸음 더 나아가야 한다. 그리고 영적전쟁의 차원에서 공격과 방어, 훈련 후방지원을 종합적으로 포함해야 한다. 이런 측면에서 활 전략은 종합적인 차원의 '영적 전략도' 라고 할 수 있다. 이 전략은 이슬람권, 불교권, 힌두교권을 분석하고 어떻게 돌파해나갈 것인가를 보여준다. 그리고 이를 위해 한국교회와 중국교회가 연합하고 더 나아가 서방교회와 유럽, 아프리카, 남미, 북미, 호주 등이 어떻게 연합할 것인가 하는 것을 종합적으로 고려하고 있다.

좀 더 구체적으로 설명하면 다음과 같다.

## 활대

먼저 활처럼 형성되는 방어전선이다. 전쟁에 있어서 공격도 중요하지만 전진 교두보와 방어전선의 구축이 너무나 중요하

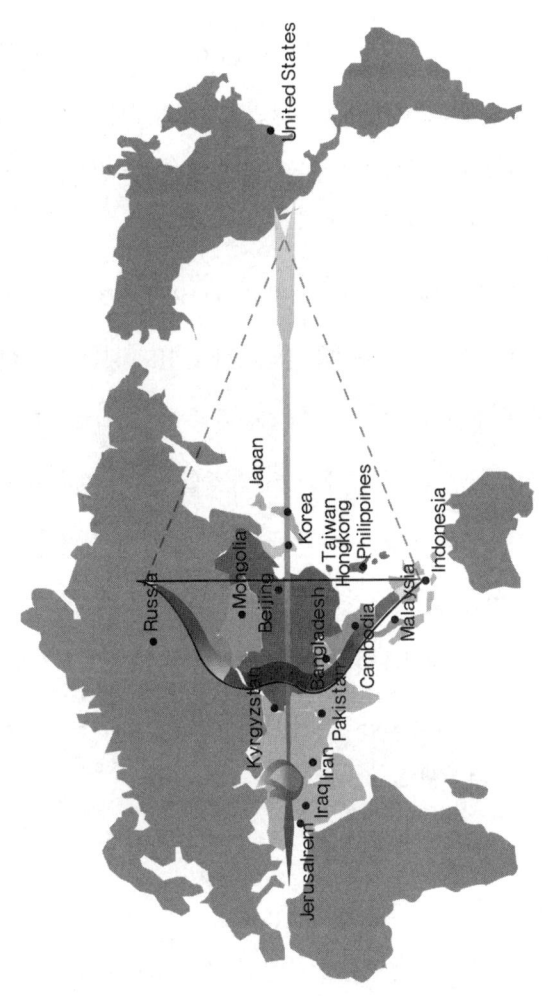

United States

Japan

Korea
Taiwan
Hongkong
Philippines

Indonesia

Mongolia

Beijing

Russia

Bangladesh

Malaysia

Cambodia

Kyrgyzstan

Iran Pakistan

Iraq

Jerusalem

다. 우리는 영적전쟁의 측면에서 동진해오고 있는 이슬람권과 힌두교 그리고 불교에 대해 결코 가볍게 생각해서는 안 된다. 그래서 이에 대해 방어할 수 있는 거점을 연결하는 전선을 구축해야 하는 것이다.

그 시작은 러시아, 몽골, 카자흐스탄, 키르키즈스탄, 파키스탄, 방글라데시, 인도차이나, 말레이시아, 인도네시아로 이어지며 형성되는 전선이다. 이 영적전선에 교두보를 확보하고 중보기도와 훈련을 감당하는 센터들을 구축할 필요가 있다. 더불어 중국의 내몽골, 영하회족 자치구, 감숙, 섬서, 사천, 운남, 광서 등으로 이어지는 방어전선 역시 주목해야 한다. 이 제2 방어전선은 제1 방어전선과 마찬가지로 교두보를 확보하고 막아낼 뿐만 아니라 이미 확보된 영역에 대해서는 우군화하는 전략을 구사해 나가야 한다.


**활줄**

다음은 활줄처럼 연결되는 성도들의 연대다. 이미 성령의 역

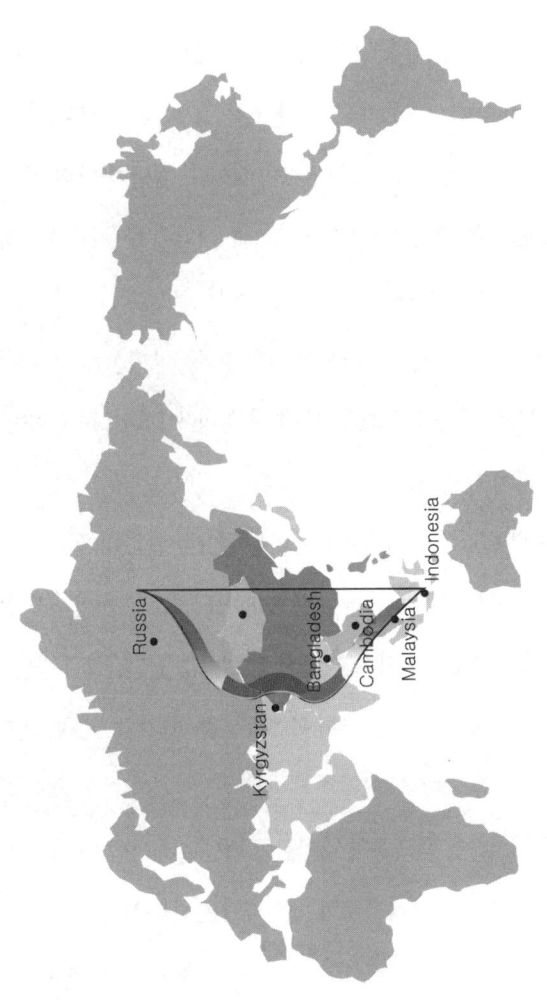

Russia

Kyrgyzstan

Bangladesh

Cambodia

Malaysia

Indonesia

사가 활발히 일어나고 있는 선이라 볼 수 있는 흑룡강, 길림, 요녕, 북경, 하북, 하남, 산동, 안휘, 호북, 호남, 강소, 절강, 복건성, 홍콩, 대만, 필리핀으로 이어지는 선이다. 특별히 이 지역은 이미 복음화가 활발하게 진행되고 있는 지역이며 1억을 예상하는 중국의 기독교인 대부분이 이 지역에서 살고 있다. 결국 이 지역을 중심으로 세계 선교를 위한 인적 자원들이 나오게 될 것이다. 그러므로 이 수많은 선교자원들이 일어나도록 모든 교회는 함께 기도해야 한다.

또한 이러한 지역에 있어서 가장 필요한 일은 다름아니라 이같이 복음화된 사람들을 함께 연대하도록 할 뿐만 아니라 인적 자원들을 훈련시키고 또한 문서 및 영상물을 출판할 수 있는 센터들을 구축해 나가야 한다. 마치 무기를 관리하는 병창, 그리고 훈련소처럼 말이다. 이러한 훈련센터들은 피아노나 영어, 컴퓨터 학원, 공장, 학교 등등 다양한 형태들로 진행될 수 있을 것이며 무엇보다 그 안에서 함께 연대하며 훈련을 시켜서 보내야 하는 훈련거점지역이다. 특별히 서부지역에서 이슬람과 불교, 소

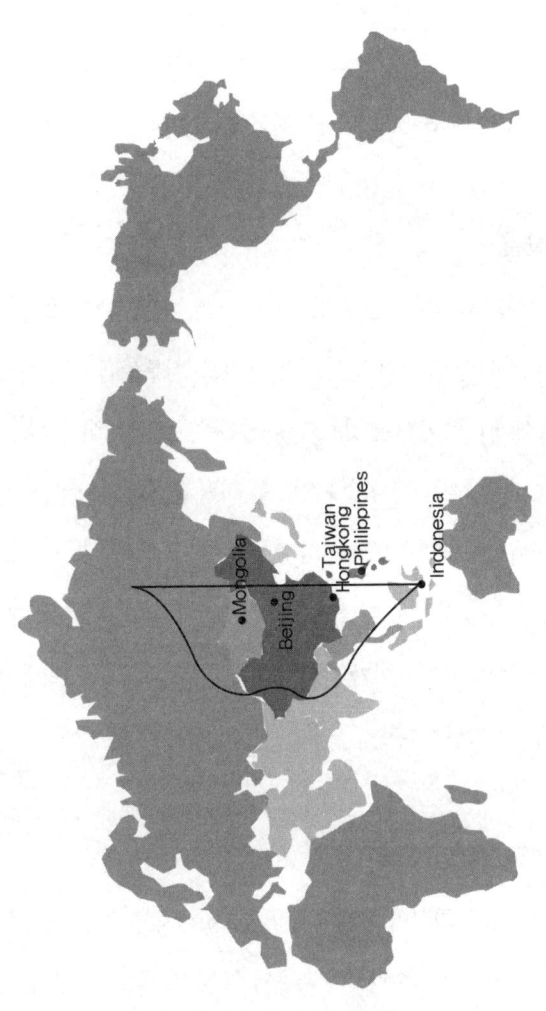

수민족 민간 신앙 지역으로 파송된 사역자들을 재훈련하고 정비시키고 보내는 것도 이 동부지역에서 이루어져야 할 일이다.

### 화살

그리고 화살처럼 연결되는 미국, 일본, 한국, 북경, 서안, 우루무치, 카쉬카르, 파키스탄, 이란, 이라크, 예루살렘이다. 이러한 중앙선과 더불어 다른 실크로드 3선전략도 활용되어야 한다. 즉 중국 남부에서 인도차이나, 인도를 거쳐 들어가는 남방군, 러시아 시베리아 횡단철도를 거쳐 중앙아시아로 들어가는 북방군으로 편성하는 것이다. 이들은 마치 불화살과 같이 견고한 진을 뚫고 예루살렘까지 날아가게 될 것이다. 이를 위해서는 활이 힘차게 당겨져야만 한다.

### 한국교회의 회복

활을 당겨 화살이 힘있게 나아가기 위해서 중국과 한국, 서방교회의 연합이 필수적이다. 무엇보다 한국교회의 역할이 매우

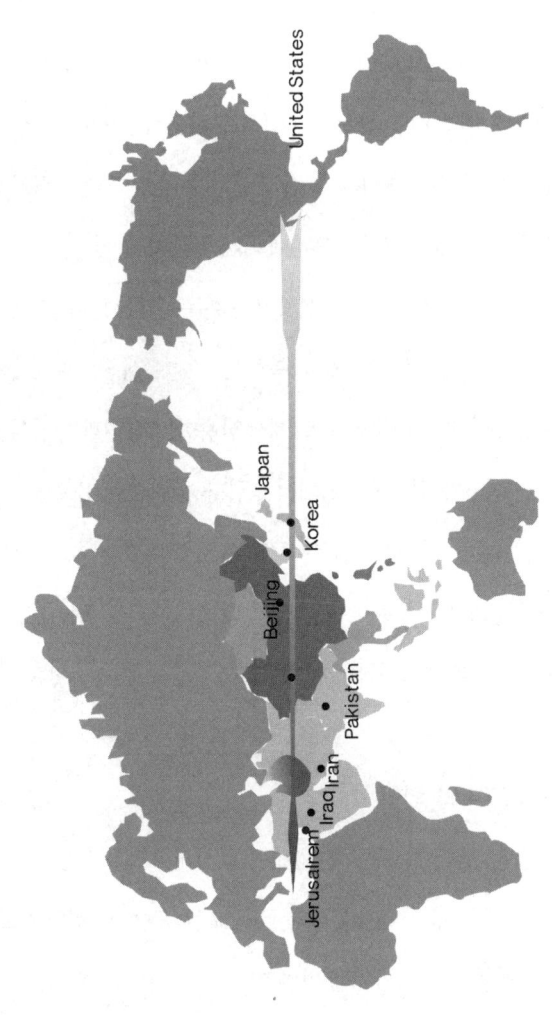

중요하다. 다름 아닌 1차적으로 연합하여 당겨주는 역할을 감당해야 하기 때문이다. 한국은 중국과 유사문화권으로써 중국교회를 깊이 이해할 수 있다. 또한 순교와 고난 가운데 세워진 한국교회이기에 중국교회의 고난에 대해 공감할 수 있다.

이를 위해서 한국교회는 십자가를 회복해야만 한다. 현재 남한은 자본주의로 병들어 있고, 북한은 개인 우상숭배과 공산주의로 인하여 오염되어 있다. 그래서 남북한이 물질과 이념의 종이 아닌 십자가의 군대로 일어서야 한다. 남북이 복음으로 하나가 되어 일어서야 한다. 남북이 성령으로 하나가 될 때 1차적으로 중국교회와 연합하여 활을 당겨 낼 수 있는 것이다. 진정 복음으로 하나된 통일한국이 세계선교에 쓰임을 받는 것이다.

## 서방교회의 연합

다음은 서방교회들의 연합이다. 해외교회들의 연합이 없이는 활을 힘 있게 당기지 못한다. 한국교회와 중국교회만으로는 이슬람권을 뚫고 나가기에 벅찰 것이다. 그러므로 화교교회 및 한인교회들의 연합과 서방교회들의 연합이 필수적이다.

이를 위해서는 한국교회와 중국교회는 먼저 일본을 용서할 필요가 있다. 그리고 해외교회가 연합할 때에 해외교회는 이미 부어주신 축복을 기반으로 후방에서 이론을 제공하고 영적 전사들을 위로하며 지원해나감으로 활이 힘껏 뒤로 당겨지게 될 것이다. 더불어 아프리카, 유럽, 남아메리카, 오세아니아 등의 연합군의 집중포화도 필요하다. 오대양 육대주간의 활발한 교통과 연합을 통해 영적전쟁은 승리할 수 있게 된다.

## 청년들의 역할과 동원

무엇보다 이 영적전쟁을 위해서는 성령의 불화살이 절대적이다. 다름 아닌 젊은이들이 몸을 던져야 한다. 앞으로 선교를 위해서는 젊은이들과 청소년들의 참여가 절실히 필요하다. 성령께서 말씀하시면 즉각적으로 순종하고 순교도 각오할 수 있는 사람들이다. 먼저 어른들이 몸을 던져 성령의 불쏘시개와 땔감이 되어야 한다. 이로써 성령의 불꽃이 되고 성령의 불길이 일어날 수 있도록 기도해야 한다. 이로써 중국과 한국, 그리고 세계의 젊은이들이 함께 복음 앞에 몸을 던질 수 있도록 해야 한다. 한국의 젊은이, 중국의 젊은이, 세계의 젊은이들이 함께 몸을 던진다면 이슬람권, 힌두권, 불교권을 능히 뚫고 예루살렘까지 나아갈 수 있을 것이다.

## 중국의 기도 그물

이런 측면에서 특히 중국이 선교하는 나라가 될 수 있도록 많은 중국 젊은이들을 일으켜야 한다. 즉 추수할 일꾼이 일어나야 한다. 이를 위해서는 중국 전역에 기도의 그물을 짜 나가야 한다. 이는 거점도시를 중심으로 기도와 예배를 통해 가능하다. 중국의 국력이 신장되어 전 세계를 복음으로 섬길 수 있도록 성령의 인도하심을 따라 축복하며 예배하는 것이다. 이를 통해 가정교회는 건강성을 되찾고 삼자교회는 순수성을 회복하며 불신자들은 신자가 되어 선교하는 중국으로 힘차게 나아갈 것이다.

## V. 나가는 말

지금까지 10/40창 전략과 백 투 예루살렘 전략에 이어 활 전략을 구체적으로 살펴보았다. 이를 통해 다시 확인하는 것은 선교의 하나님께서 시대마다 선교전략을 좀 더 분명하게 보여주시며 이끌어 가신다는 사실이다.

즉 20세기에 10/40창 전략을 통해서는 이슬람권, 힌두권, 불교권 등의 문명권과 기독교 문명권이 충돌하는 영적전쟁이라는 것을 보여주었다. 아울러 도시선교의 중요성과 전문인 선교 등의 중요성을 일깨워주었다.

더불어 중국교회에 백 투 예루살렘을 통해 세계의 영적전쟁에서 어떠한 경로와 방법으로 견고한 진들을 공격해나갈 것인가를 가르쳐 주었다. 이러한 중국교회의 공격적인 선교와 더불어 활 전략을 통해 종합적으로 영적전쟁 속에서 세계교회의 연합을 보여주고 있다.

물론 이러한 활 전략이 최종적인 선교전략이라고 생각하지는 않는다. 앞으로도 성령께서 영적전쟁에 승리할 수 있도록 더 새로운 전략들을 보여주실 수 있다. 하지만 현재 상황에서 시대를 분별하고 영적전쟁에 좀 더 효과적이고 전략적으로 수행할 수 있도록 보여주시는 것이라고 할 수 있다.

그것이 바로 영적전략도와 더불어 시대적 기회를 주시고 있다는 것을 통해 이해할 수 있다. 즉 시대적 흐름을 분별함으로써 하나님의 역사를 잘 볼 수 있다. 그것은 다름 아닌 2008베이징 올림픽이다. 이를 위해 우리가 준비할 수 있는 기회는 2007년의 중국선교 200주년과 한국교회의 평양 대부흥 100주년이다. 2006년에 있는 선교한국을 비롯한 여러 선교대회들을 통해 한국교회와 중국교회의 회복과 부흥, 그리고 선교를 향한 큰 흐름을 만들어내는 기회로 삼아야 한다.

이처럼 이제 중국선교는 중요한 전환점에 와 있다. 2008년 베이징 올림픽을 전후로 중국사회는 더욱 개방될 것이고, 88서울 올림픽이 한국교회의 해외선교에 전환점이 되었던 것처럼 2008 베이징 올림픽을 전후로 중국교회의 선교가 새로운 차원으로 들어서게 될 것이 분명하다. 한국교회는 이러한 기회들을 잘 이용해서 중국의 복음화와 중국교회의 세계선교가 활성화되도록 구체적인 실행 방안이 나와야 할 것이다. 이를 위해 다음 부분에서 2008베이징 올림픽과 관련하여 한국교회의 역할에 대해 생각해보기로 하겠다.

# 2008베이징 올림픽과

Back to the Jerusalem

## 한국교회의 역할

# 2008베이징 올림픽과
## Back to the Jerusalem
## 한국교회의 역할

## Ⅰ. 들어가는 말

2008년 8월 8일 8시부터 24일까지 중국 베이징에서 열리는 올림픽에 중국의 인민과 정부, 기업들은 많은 기대를 하고 있다. 세계의 여러 기업들 역시 다양한 형태의 기대와 투자를 하고 있다. 그런데 정작 앞서가야 할 선교계는 이렇다 할 전략이 제시되거나 움직임들이 일어나지 않고 있다. 일부 사역자들이 2008베이징 올림픽의 중요성을 제기하는 것 외에는 말이다. 물론 중국이 선교를 법적으로 허용하지 않은 상태이며, 2008베이징 올림픽을 앞두고 오히려 2005년 3월부터 종교조례를 강화하여 시행하고 있다. 이로 인해 긴장감이 더 높아지고 있는 상황을 모르는바도 아니다.

하지만 88서울 올림픽을 비추어본다면 한국교회가 2008베이징 올림픽에 대해 더욱 그 중요성을 인식해야 한다. 뿐만 아니라다양한 전략들이 쏟아져 나와야 할 시점이라 생각한다. 88서울올림픽은 한국교회의 선교역사에 있어서 분기점이 되었다고 해도 과언이 아니다. 이러한 현상은 2008베이징 올림픽에 있어서도 일어날 가능성이 크다.

88서울 올림픽을 전후로 한국선교사 현황을 구체적으로 살펴보면 알 수 있다. 즉 86년 한국선교사주소록 통계로 볼 때 511명이었던 한국선교사수가 89년에는 1,184명으로 급격히 증가되었다. 15년이 지난 2002년 말 한국선교연구원의 조사에 의하면10,422명으로 증가되었다. 이 중 10분의 1인 1,056명이 중국선교사로 사역하고 있는 상황이다.

이를 볼 때에 세계선교라는 전체적인 상황에서 2008베이징 올림픽이 가져다 줄 선교적인 기대효과는 당연히 분석해 보아야 할 것이다. 한국교회가 갖고 있는 선교적인 자원들을 중국을 위해 어떻게 활용할 것인지 고민할 필요가 있다.

한국교회는 세계 기독교 역사에서 유례없는 부흥을 하였다. 이러한 한국교회는 중국과 지리적으로도 가장 인접해 있다. 뿐만 아니라 외모로도 구별이 힘들고 문화적으로 유사하다. 이로써 중국인들에게 가장 부담감 없이 친근하게 다가갈 수 있다. 최근 유사문화권이 효과적인 선교방향이라는 주장이 제기되고 있다. 이를 고려할 때 한국교회의 중국을 향한 역할은 더더욱 중요하다고 하겠다. 실제로 1만 명이 넘는 한국교회의 파송선교사 중의 10분의 1 이상이 중국을 섬기고 있는 점은 매우 큰 의미가 있다고 하겠다.

하지만 그동안의 많은 열매에도 불구하고 우리는 과거의 사역 방향을 재고할 필요가 있다. 진지하게 새로운 선교의 패러다임의 전환을 모색해야 할 시점이라고 본다. 이를 위해서는 무엇보다도 먼저 한국교회가 모든 것을 할 수 있다는 생각을 내려놓아야 한다. 그리고 하나님께서 무엇을 준비하고 어떻게 진행하기를 원하시는지 진지하게 고려해야 한다. 또한 전체적으로 하나님 나라를 확장해가는 방향에서 협력과 동역이 진행되어야할 것이다. 즉 중국교회가 선교 할 수 있도록 협력함으로써 세계 선교의 동반자로서 역할을 감당하도록 해야 할 것이다.

특히 2008년 베이징 올림픽을 기회로 한국교회의 많은 선교자원들이 중국으로 들어갈 것으로 전망된다. 이를 위해 중국선교에 참여하는 선교자원들 간에 시대적인 전망이 필요하다. 이와 함께 전략적인 방향에서 연합과 동역을 모색할 필요가 있다. 무엇보다 많이 들어가게 될 단기선교자원들은 개별적인 수행이 아닌 전략적인 접근과 실행방안들을 세울 필요가 있다. 구체적으로 중국 지역과 중국교회의 필요를 파악하고 지원하기 위해서다. 이에 이후로는 베이징 올림픽에 대한 선교적인 조망과 함께 한국교회의 단기선교자원의 활용방안에 대해 살펴보고자 한다.

## II. 2008베이징 올림픽과 선교적인 조망

### 중국사회의 변화

2008베이징 올림픽과 관련하여 선교적인 조망을 하기 위해서는 먼저 이해할 것이 있다. 그것은 전체적인 흐름에서 중국사회의 전체적인 변화에 대한 이해이다. 중국은 등소평(덩샤오핑)이 정권을 장악한 이후 지금까지 개혁개방정책을 강력히 추진해왔다. 1949년 공산정권 수립이 중국을 전통적인 사회로부터 단절시켰다. 이에 비해 개혁개방은 정치적으로는 사회주의를 표방하고 실제로는 자본주의 경제체제가 뿌리를 내리고 있는 것이라고 볼 수 있다.

중국은 1985년~2000년 15년간 GDP 성장률이 연평균 8.7%에 달했다. 2002년에는 성장률 9.1%로 GDP가 11조 6천 700억 위안, 일인당 GDP가 1000$에 돌파했고 세계무역 4위로 진입하였다.

아울러 2004년 3월 전국인민대표회의 10차 회의에서 사유재산 보호조항을 헌법에 신설하였다. '공민의 합법적인 사유재산은 침해할 수 없다' 라는 것이다.

한편, 중국은 2001년에 WTO에 가입하였을 뿐만 아니라 전국적인 균형발전을 추진하고 있다. 동부 연안중심의 발전전략을 바탕으로 '서부대개발' 을 부르짖으며 나아가고 있는 것이다. 하지만 이러한 경제의 급성장, 산업화 이면에 부작용이 있는 것도 사실이다. 지역간 · 도농간 빈부격차, 높은 실업률, 환경파괴, 사회 · 경제적 모순 등이 심화되고 있는 것이다.

## 중국과 베이징 올림픽

이러한 상황에서 중국은 2008베이징 올림픽을 선진국의 디딤돌로 활용하기 위해 뛰고 있다. 마치 한국이 88서울 올림픽을 통해 사회와 경제를 중진국으로 '업그레이드' 시켰던 것처럼 말이다. 즉 베이징 올림픽을 통해 새로운 사회로 도약하겠다는 것이 중국의 올림픽 전략이라고 할 수 있다. 베이징 시(市)는 베

이징 올림픽의 경제 효과가 3조 위엔(약 450조 원)에 달할 것으로 분석하고 세부적인 전략수립에 나서고 있다.

그래서 2008베이징 올림픽 휘장의 이름을 '중국인, 춤추는 베이징(中國印 舞動的北京)'으로 정하였다. 이는 전통적인 중국의 도장 형식을 빌어 베이징의 '경(京)' 자 모양을 춤추며 뛰어가는 모습으로 역동적으로 형상화한 것이다. 중국의 전통문화와 올림픽 모토를 조화시키고 도장이 약속의 의미가 강한 것을 나타내고 있다. 이처럼 56개 민족, 13억 중국인이 세계를 향해

손가락을 걸고 세계의 하나 됨과 세계평화와 세계번영을 위해 노력하겠다는 뜻으로 해석하고 있다. 이를 통해 볼 때에도 중국이 올림픽을 통해 내부의 정치·경제적 문제와 갈등을 해결하는 계기를 삼고자 하는 것을 알 수 있다. 더불어 사회간접자본투자 등에 따라 경기부양효과, 중국의 장기 성장에 기여하고 세계 속에서 중국의 정치·경제적 위상 강화를 도모하고 있음을 느낄 수 있다.

## 2008베이징 올림픽과 선교적 가능성

이러한 중국의 경제·사회적 변화와 2008베이징 올림픽이 선교적인 차원에서 어떠한 영향을 미칠 것인가? 현재 올림픽을 앞두고 개정된 종교조례를 통해 선교에 대한 통제를 강화하고 있는 실정이다. 그러나 역사적 큰 흐름을 막을 수는 없을 것이다. 결국 2008베이징 올림픽이 중국선교와 세계선교에 긍정적인 영향을 미칠 것임에 틀림없다고 본다. 이러한 영향은 중국 내의 변화, 외부를 향한 변화, 국제적인 교류 측면 등으로 나타날 것인바 다음과 같이 압축하여 정리해보고자 한다.

**첫째,** 내부적인 측면에서 올림픽과 관련하여 중국사회의 변화가 강화되면서 유동인구가 증가할 것이다. 또한 보다 많은 외국인들과의 접촉이 이루어지게 될 것이다. 이를 통해 복음을 접할 수 있는 기회가 보다 더 많아질 것으로 본다. 도시 내에 있는 사람들은 물론 농촌지역이나 산간지역에 있는 소수민족들도 외부와 더욱 많은 접촉이 이루어지게 될 것이다. 특히 새롭게 형성될 수 있는 중산층들은 기독교에 대해 호의적인 입장을 통해 선교를 위한 기초들이 형성될 것이다. 한편 자본주의적 경제발전이 심화되면서 물질과 향락문화에 노출되어 복음이 거부될 가능성도 부정할 수는 없기에 상당한 노력이 필요하다.

**둘째,** 외부적인 측면에 있어서 해외이주 및 여행이 급증할 것이다. 88서울 올림픽 이후에 보여졌듯이 이는 선교적인 차원에서 상당한 의미를 갖게 될 것이다. 이미 중국인들의 해외이주노

동이 동남아와 아프리카는 물론 세계적으로 급격히 늘어가고 있다. 최근 해외여행 또한 급격히 증가하고 있는 추세다. 앞서 말했듯이 새롭게 형성되는 중산층을 비롯한 경제적인 뒷받침이 이를 가능케 하는 것이다. 앞으로 해외여행이 더욱 더 자유롭게 될 것으로 보고 이를 통해 그동안 내부에서 응축된 해외선교의 소망이 자연스럽게 분출되어 일어날 것이다.

셋째, 2008베이징 올림픽 이후 국제적인 교류가 더욱 활발해 질 것이다. 인접한 동남아시아와 세계 여러 나라에 흩어져 있는 화인 또는 노동자들을 통해서 선교의 기회는 확대되어 갈 것이다. 이에 따라 중국교회가 세계선교 활성화에 기여하게 될 것은 충분히 예측 가능한 것이다. 이것은 성장가도에 있는 중국의 경제발전을 통해 뒷받침 될 것이다. 또한 2008베이징 올림픽을 통한 국력의 신장으로 더욱 활발해질 것이다. 아울러 이미 진행되고 있는 '백 투 예루살렘'이 중국인들의 중화사상과 맞물리면서 중국교회의 역할이 증대될 것이다. 그리고 하워드 스나이드가 '21세기 교회의 전망'에서 말했듯이 중국이 바로 세계선교의 주역으로 급부상하게 될 것으로 본다.

바라기는 최근 한국교회 안에 일어나고 있는 회복과 부흥의 열기가 2008베이징 올림픽으로 연결되는 것이다. 마치 1907년 평양 대부흥이 선교로 이어져 제주도 및 중국 산동성으로 선교사를 파송한 것처럼 말이다. 그리고 중국교회도 2007년은 1807년 모리슨 선교사가 중국선교를 시작한지 200주년이 되는 매우 중요한 시점이다. 이어 2008베이징 올림픽을 기하여 한국교회와 중국교회가 연합하고 세계교회가 협력한다면 세계선교의 분수령이 될 수 있을 것이다. 아울러 이는 2010년 진행될 상하이 세계박람회를 통해 그 열기가 더해지면서 앞으로 더욱 중국교회가 세계선교를 감당할 수 있도록 길이 열려질 것이라고 믿는다. 그러한 차원에서 단기선교를 중심으로 구체적인 실행방안을 생각해 볼 필요가 있는 것이다.

# III. 한국 교회의 단기선교

지금 한국교회의 젊은이들 가운데 선교여행이 붐을 이루고 있다. 이것은 88서울 올림픽 이후 해외여행의 증대와 선교한국 대회 등 선교동원운동의 확산이 맞물리면서 일어났다고 할 수 있다. 그 결과 많은 젊은이들이 선교에의 관심과 함께 선교지 방문으로 이어지면서 자연스러운 현상으로 일어나고 있다.

1~2주 혹은 몇 주간의 단기간 선교지 방문을 통해서 선교지 경험, 선교사의 삶에 대한 이해, 영적 각성 등의 개인적인 도움을 받게 된다. 더불어 비록 일회적이지만 복음전도와 현지선교사 지원 등의 사역이 일어나고 있다.

물론 현재 '단기선교'라는 명칭으로 이뤄지는 선교여행은 엄밀히 말해서 단기선교는 아니다. 대부분의 경우 선교지 방문 성격이 강한 선교여행 혹은 선교지 방문 또는 선교지의 상황을 살피는 정탐여행이라고 할 수 있다.

## 선교환경의 변화

단순히 방문성 1~2주간의 선교여행과 함께 선교전략으로서
의 단기선교참여가 확산되어야 한다. 단기선교는 단순히 선교
지를 방문하는 것을 의미하는 것은 아니다. 이보다는 최근 선교
환경의 변화에 따른 새로운 선교전략의 한 방법으로 이해되고
있다.

최근의 선교현장은 선교역사상 그 어느 때 보다 선교지 접근
이 용이하지 않다. 비록 전 세계적으로는 세계화의 물결로 개방
과 통합으로 가고 있지만 또 다른 측면에서는 지역화와 대립으
로 가고 있다. 즉 세계화(Globalization)와 지역화(Localization)가
혼재된 Glocalization의 상황으로 가고 있다. 경제적으로나 문화
적으로는 개방되고 있지만 민족적으로나 종교적으로 더 세분화
되고 개별화되는 현상으로 나타나고 있다.

이런 상황에서 전통적인 선교 방식 즉 한 선교사가 특정한 지

역이나 미전도 족속들에게 들어가 거주하면서 안정적으로 선교할 수 있는 환경이 구축되기가 더 힘들어져 가고 있다. 특히 세계화의 개념과 서구화의 개념이 혼재되면서 2/3세계국가들이 경제적 개방으로 인해 발생하는 정체성의 혼돈을 종교적 일치로 통제해 나가려는 경향이 강하게 나타나고 있다. 이런 상황에서 장기 거주 선교사가 일할 수 있는 지역이 축소되고 있다.

또 다른 문제는 선교의 전략과 방식이 세분화·다양화 되면서 한 개인 선교사가 모든 것을 다 감당 할 수 없는 상황에 이르게 됐다. 예를 들면, 선교사는 선교지에서 일종의 전천후 만능일꾼의 역할을 해야 된다. 설교와 전도에서부터 시작해서 컴퓨터와 자녀 교육까지 모든 부분에 관여해야 한다. 그런데 선교환경과 문화환경이 점점 더 복잡해지고 다변화 되면서 한 사람의 선교사가 이 모든 일들을 전문적으로 감당해 낼 수 없게 된 것이다. 그렇다고 이러한 세세한 일을 위해 무작정 많은 장기선교사를 파송할 수도 없는 일이다.

## 새로운 전략의 단기선교

이러한 상황 속에서 등장한 새로운 선교전략 중에 하나가 바로 단기선교사이다. 원래 이것은 서구에서 장기선교사들의 지원이 줄어드는 현상으로 인해 새로운 젊은 세대들의 특징을 잘 살리기 위해 시작된 선교방법이다. 새로운 세대들은 장기선교사로 헌신하기에 앞서 선교사역을 먼저 경험해 보길 원한다. 또 그들이 가지고 있는 전문적인 기술이나 역량을 손쉽게 발휘할 수 있다. 이러한 측면에서 단기선교가 시작됐다.

그 결과 앞에서 언급한 대로 선교지에 장기로 거주하기 쉽지 않은 상황이나 환경을 가진 지역과 접근이 제한된 지역에 단기적으로 사역하고 철수하는 방식의 선교가 등장하게 된 것이다. 기독교를 매우 적대시하는 지역에 들어가 오랫동안 정착할 수 없으므로 잠시 동안 사역하고 나오는 것을 지속적으로 하는 것을 말한다.

중국이 개방되던 시점에 장기 선교사 비자가 허용되지 않자 수많은 젊은이들이 영어교사로 1~2년 정도 중국에 들어가 영어를 가르치며 선교의 기회를 만들어 간 것도 한 예가 될 수 있을 것이다.

아직도 전 세계의 많은 지역에서 장기 체류선교사가 일할 수 없는 지역들이 많이 있는데, 이런 지역에 전문적인 기술이나 지식을 가지고 그 지역 사회를 도우면서 일시적으로 사역하는 것은 매우 중요한 전략이다. 이런 의미에서 짧은 기간 동안 사역할 수 있는 단기선교가 필요하다.

## 단기선교의 시대적 요청

**첫째,** 선교지 상황이 단기선교를 요청하고 있다. 지구촌화와 의사소통의 발달로 인해서 단기간 사역에도 효과적일 수 있는 사역 영역이 확산되고 있다. 장기선교사의 사역 중 특정한 부분을 일정한 기간 동안 도와주는 사역(선교사 자녀 교육, 컴퓨터 사역, 찬양 사역, 건축 프로젝트, 주일학교 교육, 캠퍼스 전도 등)이 필요하다.

미복음화 지역에 복음을 전하고 교회를 개척해야 하는 선교현장은 사역이 다양하다. 장기선교사 한두 명이 독립적으로 사역하기보다는 각 영역에서 전문적인 사역 기술을 가진 다양한 구성원들이 팀으로 사역할 때 더욱 큰 시너지를 발휘할 수 있다.

여기서 교회를 세우는데 있어서의 전문적인 사역 기술이란 물론 의료, 컴퓨터 등 전문적인 영역도 포함하지만 상식적인 사역의 영역 즉 전도, 상담, 교육, 행정 등 일반적으로 교회 공동체에서 일어나는 일로 일반적으로 헌신된 그리스도인이라면 해낼 수 있는 일들을 말한다. 선교현장에서는 이런 일들을 위한 자원들이 엄청나게 필요하다.

또한 단기선교가 언어적으로나 시간적으로 한계가 있지만 독립적으로 사역할 수 있는 영역도 확대되고 있다. 선교본부나 장기선교사의 관리 아래 단기선교사 각 개인이 독립적으로 혹은 단기선교사들이 팀을 이루어 독립적으로 사역할 수 있는 영역도 빠르게 확장되고 있다.

최근 한류열풍의 영향으로 아시아권에서 한국어를 배우려는 사람들이 많아지고 있다. 이로 인해 선교지에서 1~2년 동안 한국어를 가르치는 사역이 활성화되고 있다. 또한 단기선교사 팀이 선교지의 특정한 대학을 집중적으로 복음화하는 사역, 창의적 접근 지역에 교두보를 놓는 의료, 구제, 복구 등의 NGO에 참여하는 일 등 독립적으로 사역할 수 있는 필요들도 급증하고 있다.

**둘째,** 선교 헌신자들의 변화이다. 젊은 선교 헌신자들은 단번에 장기선교사로 헌신하기보다는 일정한 기간 동안 선교사역에 참여해 보고 장기사역에 헌신할 여부를 결정하려는 경향이 나타나고 있다. 이것은 그들의 헌신도가 떨어지기 때문이 아니다. 신중하고 그리고 잘 준비된 상태에서 장기선교사로 나가기 위한 접근이다.

또한 여러 가지 이유로 평생선교사로 헌신하지는 못하지만 자신들이 가지고 있는 은사를 사용해서 일생의 일부분을 선교지를 위해 헌신하려는 의도가 강하게 나타나고 있다. 오늘날 세계화된 상황 속에서 젊은이들이 그들의 꿈을 펼치기 위해 세계로 시선을 돌리는 일은 매우 바람직한 일이다.

이러한 일반적인 경향이 기독 젊은이들에게 세계를 품은 그리스도인으로서 자라도록 하는 데 큰 영향을 미치고 있다. 이러한 젊은이들의 관심과 헌신이 투자될 수 있는 공간이 마련되어야 하는데, 단기선교사로서 1~2년간의 사역이 중요한 헌신의 장이 될 수 있다.

이런 헌신은 젊은이들에게만 해당되는 것이 아니다. 장년들이나 은퇴한 연령에 속한 이들도 그들의 일생에 일부분을 혹은 은퇴 후 일정한 시간을 선교를 위해 헌신하려는 일이 일어나고 있다. 이들은 단기적으로 일정한 시간 선교에 참여하여 그들의 시간과 전문성을 갖고 하나님 나라를 위해 드릴 수 있는 기회를 찾고 있다. 이러한 자원들을 동력화하기 위해서는 단기선교사 파송이 확산되어야 한다.

**셋째,** 사역의 효율성의 문제이다. 한국에서 전임 선교사로 나가는 사람의 평균 나이가 33~35세로 알려져 있다. 그 나이에 선교현장에 도착해서 언어를 배우고 새로운 문화에 적응한다는 것은 결코 쉬운 일이 아니다.

특히 한국인들은 언어적으로 문화적으로 고립된 사회 속에서 자라났다. 35세가 되어 새로운 문화를 접하게 되면 현지 문화에 적응하는 사고와 행동 패러다임의 변화를 가져오기는 쉽지 않다. 사실 잘 훈련된다는 전제하에 가능한 젊은 나이에 선교지로 나가게 하는 것이 필요하다.

단기선교사는 이런 문제를 해결할 수 있다. 20대에 선교지에서 일정 기간을 보냄으로써 언어나 문화 적응훈련이 빠르게 일어나고 그들이 장기로 헌신했을 때 곧바로 효과적인 사역을 할 수 있는 준비가 될 것이다.

**넷째**, 선교동원의 관점이다. 모든 일에는 카이로스 즉 때가 있다. 한국교회의 선교동원이라는 관점에서 볼 때 지금이 단기선교사운동을 일으킬 때이다. 지난 10여 년간 한국교회에 선교동원의 역사가 있었다. 적지 않은 선교대회와 선교모임을 통해 많은 선교 관심자 혹은 헌신자들이 생겨났다. 그러나 그들 중 많은 이들이 관심자와 헌신자로만 남아 있는 현실이다. 많은 선교 헌신자들이 반복적인 훈련참가 차원에서 머물러 있고 그 다음 단계로 나아가지 못하고 있다. 선교한국 대회 등을 통해 일차적으로 동원된 많은 젊은이들에게 새로운 사역의 장과 길을 열어주어야 한다.

이러한 현실은 헌신자의 입장에서는 결단의 결여이고 교회의 입장에서는 시간과 자원의 효율적 사용의 한계를 드러내고 있음을 보여준다. 따라서 단기선교사 파송은 헌신자들에게 결단할 수 있는 계기를 마련해 주고, 교회들에게는 자원의 효율적 사용을 통한 선교 참여의 길을 열어주게 될 것이다.

## 중국선교에 있어서의 단기선교자원

시기적으로 2008년은 중국에서 국제 올림픽이 열리는 해이다. 중국은 우리와 가장 가까이 있으며 많은 한국 젊은이들이 방문 또는 단기간으로 거주하고 있는 나라이다. 2008년 베이징 올림픽은 중국선교에 주요한 전환기가 될 수 있다.

1988년 서울 올림픽을 전후로 전 세계의 많은 사람들이 한국을 방문했다. 국내적으로 해외여행이 자유화되면서 선교동원의 중대한 전환점이 되었다. 이처럼 2008년을 전후로 중국 사회는 더욱 개방되고 또한 빈번한 국제적인 교류가 일어나면서 선교의 좋은 기회가 된다.

2008년을 전후로 많은 한국의 젊은 기독 청년들이 중국을 방문하거나 6개월에서 2년 정도 단기간 머무는 것을 통해 중국교회에 막대한 영향을 줄 수 있다. 한국은 중국 주변에 있는 나라 가운데 유일하게 복음화 된 나라이다. 또한 외모로 구별이 되지 않을 뿐만 아니라 문화적으로 유사하여 쉽게 접근이 가능하다. 한국교회는 이러한 기회가 하나님께서 한국교회와 기독 젊은이들을 향한 부르심의 일부라는 비전으로 보고 이 기회를 적극적으로 활용할 책임이 있다.

아울러 최근 한류열풍과 더불어 교역 및 교류가 지속적으로 확대되고 있는 것은 선교적인 상승효과를 가져올 수 있다. 물론 우리는 최근 중국이 통제를 강화하고 있는 종교정책을 의식하지 않을 수 없다. 하지만 시대적인 대세를 막을 수는 없을 터이며 이를 지혜롭게 분별하여 대응할 수 있는 전략을 개발할 필요가 있다고 본다.

그것이 바로 단기선교자원의 활용이 될 수 있을 것이라는 생각이다. 따라서 단기선교자원들은 다음 몇 가지를 통해 패러다임을 달리하는 새로운 전략으로서의 가능성이 크다.

**첫째,** 신분상에 있어서 이미 문제가 되고 있는 목회자 선교사보다 쉽게 접근할 수 있는 관광객 및 청년학생, 전문인이라는 자격으로 나아갈 필요가 있다는 점이다.

**둘째,** 특별히 한국선교의 미래라는 관점에서 성년 목회자 선교사보다 청년학생 선교사들을 발굴·육성해야 한다는 점이다.

**셋째,** 선교의 대중화 관점에서 장기선교사 한 사람이 열 사람을 선교하는 방법보다 열 사람이 한 사람을 선교하는 방식으로 전환할 수 있다는 점이다.

**넷째,** 선교협력이라는 관점에서 장기선교사 및 중국교회, 한인교회, 해외교회 간에 네트워크를 구축하여 보다 효과적으로 수행할 수 있다는 점이다.

이를 위해 한국교회가 준비할 수 있는 기회는 앞서 언급한 대로 2007년의 중국선교 200주년과 한국교회의 평양 대부흥 100주년이다. 2006년에 있는 선교한국을 비롯한 여러 선교대회들을 통해 한국교회와 중국교회의 회복과 부흥, 그리고 선교를 향한 큰 흐름을 만들어내는 기회로 삼아야 할 것이다.

# IV. 한국교회 단기선교자원의 활용방안

그렇다면 이러한 2008베이징 올림픽을 앞두고 한국교회는 어떠한 입장에서 중국선교를 감당할 것인가? 특별히 그 중에서 단기선교자원들은 어떻게 활용할 것인가? 구체적으로 2008베이징 올림픽을 전후로 한국의 단기선교자원들의 활용방안을 사역 형태별, 주체별, 시기별로 나누어 살펴보고자 한다.

## 형태별 사역

우선 2008베이징 올림픽이 열리는 2008년 8월 8일부터 24일까지 어떠한 방식으로 단기선교를 할 수 있을 것인가 하는 점이다. 이러한 단기사역으로는 땅 밟기 기도사역을 중심으로 다양한 사역들을 생각해 볼 수 있다. 즉 땅을 밟으며 중국을 축복하고 교회의 부흥과 선교하는 자원들이 일어날 수 있도록 기도하는 것이다. 또한 문화적인 측면에서 태권도나 음악, 공연, 한류를 이용한 다양한 방안들을 생각해 볼 수 있을 것이다.

기간별 형태로서는 1달 이내의 단기사역과 6개월 또는 1년 정도의 단기사역, 그리고 장기적인 사역으로 나눌 수 있을 것이다. 여기서는 사역형태 중에서 땅 밟기 기도사역을 중심으로 단기선교사역 또는 장기선교사의 형태를 좀 더 구체적으로 생각해 보자.

### 기도원정사역

가장 중요한 것은 다름 아닌 기도원정사역이라고 본다. 이는 다름 아닌 2008베이징 올림픽 이후 중국이 선교하는 나라로 전환될 것이라는 기대를 갖기 때문이다. 선교하는 나라로 전환하는데 있어서 한국교회가 할 수 있는 가장 중요한 역할은 다름 아닌 기도사역이다. 물론 이를 위해 단순히 베이징이나 올림픽이 열리는 도시에서만 할 것이 아니다. 올림픽을 기회로 전국의 성 및 권역을 분석하여 100개 도시를 전략적으로 분담하여 나아가는 것이다.

또 구체적으로 기도사역의 형태는 다음과 같이 할 수 있을 것이다. 즉 몇 팀을 나누어 도시의 외곽을 돌면서 하는 여리고 행진, 소수민족들을 방문하는 축복의 원정, 광장에 중국인들과 함께 벌이는 문화축제 등과 함께 그 도시와 중국을 축복하며 하나님께 드리는 것이다.

전체적으로 중국 전역을 "기도로 그물을 짜는 것"이라 할 수 있다. 이를 통해 하나님께 드려진 중국에서 선교적인 자원들이 한없이 일어나서 세계선교를 감당할 수 있게 될 것이다.

### 단기선교사 파송

단기선교사는 기도사역이나 문화사역에 있어서 기본적인 안내와 중간리더의 역할을 할 수 있을 것이라고 본다. 학생들이 휴학 등을 통해 1년 정도의 단기 헌신자들이 가서 사역을 감당하는 것이다. 이들은 먼저 각 도시별로 가서 센터를 형성하는 것이다. 먼저 각 도시별, 대상 대학의 문화, 전통, 종교 등의 교육과 함께 필요한 언어와 선교훈련을 통해 실제로 사역할 리더들로 세워지는 것이다. 이들은 그 지역에 있는 장기선교사와 연결하여 이들과 함께 협력해나가는 것이다.

### 장기선교사

장기선교사들은 지역별로 중보기도학교 또는 지역연구, 그리고 중국교회들과 협력하여 단기적으로는 단기선교 또는 단기선교사들과 협력할 뿐만 아니라 장기적으로는 중국교회와 해외지역을 연결하는 사역을 감당할 수 있을 것이다.

### 주체별 사역

위와 같은 사역을 위해서는 사전에 중국내 한인교회, 중국선교사, 한국의 교회 선교단체, 대학 및 해외교회가 전략적으로 네트워크를 구축하고 역할을 분담해야 한다. 뿐만 아니라 이를 섬길 수 있는 청년학생 선교사들을 양성하여 파송할 필요가 있는 것이다.

### 한국교회에서의 동원

사전 준비를 위해서는 청년학생 선교사들의 양성과 더불어 장기선교사와의 연결이 필요하다. 실제 진행은 2008년 8월에 한다 하더라도 사전에 도시별로 거점을 마련하고 중보기도와 함께 중국 전역의 자료를 수집 · 분석하며 준비할 필요가 있는 것이다.

이를 위해서는 청년학생 선교사들이 절대적으로 필요하다. 왜냐하면 청년학생들은 상대적으로 가는 것이 자유롭고 공동체 공간을 통한 거점 확보 및 단기간에 최대한의 준비를 할 수 있는 가능성이 크기 때문이다.

한국교회 및 기독대학에서는 이러한 청년학생 단기선교사에 대한 인식과 더불어 파송 및 지원할 수 있도록 해야 할 필요가 있을 것이다. 한편 이것은 현재의 선교 헌신자들을 대규모로 현장으로 연결할 수 있으며 앞으로 선교자원들의 역동적인 측면에서 중요하다고 본다.

## 장기선교사들의 역할

이 과정에서 이미 지역 및 도시에 있는 장기선교사들과의 협력을 할 수 있을 것이다. 이를 위해서는 장기선교사는 단기선교사의 고유한 역할을 인정하고 상호협력이라는 관점이 필요하다고 본다. 중국 100개 도시를 접근하는 것은 절대적으로 협력이 필요하다. 우선 열정이 있는 한국의 청년학생들이 나아간다하더라도 경험이 풍부한 장기선교사들이 도움을 주어야 할 것이다. 뿐만 아니라 좀 더 체계적으로 분석하고 있는 화교교회 및 중국교회들과 협력하는 것은 시간과 노력을 절약하는 방법이다.

## 한인교회의 역할

중국 내 한인교회의 역할은 아무리 강조해도 지나치지 않을 것이다. 위와 같은 한국의 청년들과 선교사들의 역할과 함께 전략적 교두보 및 교량역할을 할 수 있기 때문이다. 한인교회에 있는 청년학생 자원들과 한인사회를 통한 교량이 없으면 이 일은 쉽지 않다.

중국에 있는 한인교회에서 이미 준비되어진 청년학생 자원들을 적극적으로 세우고 활용할 필요가 있다. 그리고 크리스천 기업인들과 전문인들의 협력도 필요하며 중국인들과 자연스럽게 접촉하는 기회를 복음 전하는 기회로 삼을 수 있도록 해야 할 것이다. 또한 중국 내 조선족교회들도 주요한 역할을 할 수 있도록 해야 할 것이다.

### 해외교회의 역할

아울러 해외교회들이 이 일을 함께 할 수 있도록 하는 것은 앞으로 세계선교를 위한 동역의 차원에서 매우 중요하다고 볼 수 있다. 즉 중국을 위한 것과 마찬가지로 세계 전역을 중국교회와 함께 분담하여 선교할 수 있기 때문이다.

## 시기별 사역(안)

### 1단계(2006년 전반기) : 연계 협력

**첫째,** 한국의 각 교회와 대학을 통해 필요한 일꾼들을 동원하고 선교단체 등과의 협력을 통해 필요한 프로그램과 정보를 공유하며 동역한다.

**둘째,** 중국 현지의 한인교회와 현지 선교사와의 협력을 통해 각 지역의 영적 상태와 필요를 파악하고 올림픽 기간의 현지 사역을 위한 구체적인 계획서를 작성한다.

**셋째,** 올림픽 기간 중 국가별 축제 및 전도행사에 동원될 각 나라의 교회와 해외 유학생, 현지 대학생들과의 교류를 도모한다. 이를 위해 단기선교팀들을 파송한다.

**넷째,** 한국에 있는 중국 유학생들을 동원하여 비전을 공유하고 올림픽 기간에 준비되어 사역할 수 있는 기반 네트워크를 구축한다.

### 2단계(2006년 하반기): 단기선교사 양성과 연결

**첫째,** 올림픽 기간과 준비기간(2007년)에 현지의 각 지역을 담당할 리더를 양성한다. 이는 각 도시별, 대상 대학의 문화, 전통, 종교 등의 교육과 함께 필요한 언어와 선교훈련을 통해 실로 사역할 리더들을 양성하는 것이다. (이를 위해 특별히 2006 선교한국과 연계하여 준비할 필요가 있다.)

**둘째,** 이 사역을 위해서 2006년부터 2010년을 전후로 중국에서 1~2년 정도 사역할 수 있는 단기선교사 인력을 양성해야 한다. 그래서 그들이 올림픽과 국제박람회 기간을 전후로 중국 전역에서 1~2년간 사역함으로써 중국선교의 문을 열 수 있는 것이다.

**셋째,** 이들 단기선교사 자원을 양성하기 위해서 각종 선교훈련과정을 최대한 활용한다. 이들 선교훈련과정에 중국선교에 관련한 내용을 일정부분 보완하면 될 것이다. 중국관련 집중 훈련은 중국의 한인교회에 이미 와 있는 청년들을 대상으로 하거나 한국에서 단기여행팀 형식으로 3~6주 정도의 중국 현장 방문 훈련을 통해 실시할 수 있다. 이러한 훈련과정이 지속적으로 개설되어 단기선교사 자원이 지속적으로 공급될 수 있도록 한다.

### 3단계(2007년): 도시별 분담과 네트워크 구축

**첫째,** 현지 선교사와의 협력을 통해 각 거점도시별로 지역기도 네트워크를 설립하여 긴밀한 협력을 도모하고 기도네트워크를 형성한다. 이 지역기도 네트워크를 통하여 현지의 청년리더들을 교육하며 각 지역을 위한 기도정보들을 수집해 국내 및 현지의 중보기도 네트워크를 지원한다. (2007년 각 부흥운동과 연계한 사역으로 추진한다.)

이를 위해 100개 정도의 도시를 선정할 수 있다. 이를 위해 중국의 특성상 인구 규모 100만 이상 (최소 50만 이상), 교통중심

영적전쟁 측면의 중요도(우상 집중적 지방), 도시중심 집중적 역량 등의 기준을 설정할 수 있다. 이러한 기준을 중심으로 선정한 100대 도시별로  연구를 강화할 필요가 있다. (선정된 100대 도시는 별도로 제시하였다.)

**둘째,** 선정된 100개 도시에서 기도 사역 및 기초 사역을 할 수 있는 1~2년 사역이 가능한 단기선교사 자원을 직접 파송한다. 이 일을 위해서는 현지 한인선교사들과의 네트워크가 형성되어야 하며, 그들의 도움이 구체적으로 제시되어야 한다.

### 4단계(2008년) : 베이징 올림픽 선교

실행은 4가지 차원에서 이루어질 수 있다.

**첫째,** 중보기도 사역으로서 15일간의 올림픽 전 기간 동안 현지 각 지역의 처소 및 국내의 집중적인 중보기도를 통해 영적전쟁의 교두보를 확보한다.

**둘째,** 여리고 행진으로서 현지의 각 지역과 처소에서 그 지역의 땅을 밟으며 하나님의 나라를 선포한다.

**셋째,** 광장행사로서 올림픽 전 기간을 통하여 각 지역에서 동시 다발적인 광장행사를 진행한다. 이는 각 나라의 문화 및 전통의 축제 형식으로써 올림픽의 정신에도 부합할 뿐 아니라 전도의 기회로 삼을 수 있다. 태권도, 음악팀, 영상팀, 전통문화, 한류팀 등 다양한 형태로 접근할 필요가 있다.

**넷째,** 올림픽 마지막 날의 기도회로서 중국을 하나님께 올려드리는 행사이다.

이러한 대규모 행사는 이미 파송되어 1~2년 동안 사역하고 있는 단기선교사들의 기초 사역을 통해서만 가능할 것이며, 현지의 한인교회와 한국선교사들이 구체적으로 협력해야 할 것이다.

## 지역교회의 참여방안

### 한국교회의 현황

방학 때면 수천 명의 사람들이 한국교회의 수많은 단기선교팀이 중국으로 들어간다. 그러나 실제로 교회의 현황을 조사해 보면 전략적 접근을 하는 경우는 극히 드문 것을 알 수 있다. 기존의 중국선교 단기팀은 선교사 방문과 선교여행 정도의 수준과 비슷하게 중국 땅을 밟고 있다. 또한 선교에 깨어 있다는 교회의 중국선교현황을 살펴보아도 장기적인 계획은 별로 없는 것을 확인할 수 있다. 때문에 2008베이징 올림픽을 준비하는 교회는 현재 거의 없다고 볼 수 있다.

그러나 예측되는 것은 2008베이징 올림픽을 기점으로 즉흥적인 중국 단기선교팀이 더 많아질 것 같은 분위기이다. 단기팀이 그 시대의 핫이슈에 집중되는 경향이 많기 때문이다. 이런 이유 때문에 2008년은 혼선양상이 될 것이 분명하므로 이미 이를 예측하고 필요한 지침이나 네트워크를 빨리 이루는 것은 매우 중요하고 급한 일이다.

## 단기팀을 위한 대안

단기팀은 구체적인 준비를 하지 않으면 고비용 저효율의 상황이 재현될 수 있다. 특히 단기팀의 특성을 잘 활용하면 큰 효과를 볼 수 있지만, 그렇지 않으면 오히려 선교에 방해가 될 수도 있다. 이를 위해 단기팀의 한계를 잘 이해하고 적합한 대안을 준비하는 것이 매우 중요하다. 또한 이제는 온 세계를 바라보며 총체적인 접근으로 총력을 다 할 필요가 있다. 즉 단기팀을 위한 네트워크를 구축할 필요가 있는 것이다.

### 전략적인 중보기도 네트워크

중보기도 훈련이 단기간에 되는 것은 아니다. 그러므로 국내 중보기도 훈련 네트워크를 이루어 필요한 교회에 훈련지원을 하는 것이 필요하다.

### 문화사역 네트워크

단기팀이 가장 많이 하는 사역 가운데 한 가지는 문화사역을 통한 접근이다. 즉 태권도나 음악, 공연, 한류를 활용한 다양한 방안들이 있다. 하지만 이를 훈련하기 위해서도 개교회의 한계를 뛰어 넘기 위해서는 전문적인 문화사역자들의 도움이 필요하다. 그러므로 이런 문화사역자들의 네트워크가 필요하고, 이들을 통해 개교회가 필요한 도움을 원활하게 받을 수 있도록 연결하는 작업이 있어야 한다.

## 단기선교사를 위한 네트워크

6개월에서 2년 정도의 단기선교사로 헌신하는 자들에게 필요한 훈련이 필요하다. 장기선교사와 연결하여 리서치 컨퍼런스를 통하여 중국도시 리서치를 위한 훈련이 필요하다. 특히 단기선교사들이 선교사를 선택하기보다는 중국의 장기선교사들이 주도권을 잡고 단기선교사와 연결할 수 있는 구조가 필요하다. 이를 위한 네트워크 구축이 필요하다.

## V. 나가는 말

　모두가 인지하고 있는 대로 중국선교는 중국정세의 변화, 중국정부의 태도 등에 따라 민감하게 변화할 수 있다. 따라서 위에서 언급한 사역들은 아래와 같은 몇 가지 문제점을 안고 있다.

　첫째, 예측할 수 없는 중국정부의 태도이다. 베이징 올림픽과 상하이 세계 박람회를 통해 중국 전체의 상황이 더 개방되고 유연성을 가질 것이라는 예측이 있다. 하지만 구체적으로 어떤 방식으로 그렇게 될지는 아무도 모른다. 중국정부가 경제적으로는 개방하지만 정치적으로나 종교적으로 통제하는 현재의 체제가 올림픽 기간이 가까워 와도 변하지 않거나 또 다른 방법으로 강화될 수도 있다.

**둘째,** 이런 상황에서 중국 한인교회, 특별히 한인선교사들이 한국교회의 이러한 공개적인 사역에 참여하거나 혹은 협력하는 것에 한계가 있을 수 있다. 특별히 장기사역을 해야 하는 선교사들에게는 이러한 사역이 치명적인 어려움이 될 수도 있다.

**셋째,** 이러한 전략적 접근이 매우 개별화된 한국교회에 얼마나 영향을 미칠 것인가에 대한 의문이 생길 수 있다. 아무리 전략적이고 연합적인 방법을 제시한다고 해도 한국의 각 지역 교회와 젊은이 사역 공동체들은 나름대로의 생각과 방법을 갖고, 혹은 아무런 전략과 방법 없이 대규모 인원을 중국에 보낼 수 있다.

그러나 바로 이러한 문제점들이 파생할 가능성이 있기 때문에 전략적이며 연합적인 사역이 필요하다고 본다. 이제까지 발제한 제안은 하나님에 앞서서 중국선교를 인위적으로 하겠다는 것도 아니다. 또한 중국에서 장기사역하는 선교사들의 위치를 어렵게 하면서까지 대규모 단기자원들을 중국으로 보내겠다는 의도는 더더욱 아니다. 단지 여러 번 언급된 대로 이미 하나님께서 중국의 문을 베이징 올림픽과 상하이 박람회 기간을 통해 열고 계시는 것을 보기 때문이다. 또한 더 많은 선교자원들과 단기자원들이 중국 선교를 위해 투입되어야 함에도 불구하고 한국교회 안에 전략적 접근을 하지 못하고 있는 현실 때문이다. 이러한 차원에서  공동의 대안으로 이러한 전략을 제시하는 것이다. 이러한 시도는 누구 한 사람의 주도권이나 어떤 특정한 집단의 주도권에 의해서 이뤄지는 것이 아니라 우리 모두가 중국복음화의 비전을 보고 그 비전이 성취되기 위한 자발적인 섬김의 한 시도로 제시하는 것이다.

　오직 한국교회의 섬김으로 말미암아 중국교회가 일어나 전 세계로 나아가는 선교중국을 기대할 뿐이다.

# 단기선교 사역을 위한
# 중국 100대 도시의 선정

## 1. 선정 이유

이 100대 도시의 선정은 2008베이징 올림픽에 한국교회의 단기선
교가 전략적으로 이루어질 수 있기 위함이다.

## 2. 선정 기준

_ 인구 규모 대개 100만 이상 (희소지역은 최소 50만 이상)
_ 교통의 중심
_ 영적전쟁방면의 중요성 (즉 우상 집중적 지방)
_ 도시 중심권의 집중적 역량
_ 각 성별 분포 균형 등

## 3. 선정 도시

### 신쟝
1. 우루무치
2. 쿠얼러
3. 카스
4. 허티엔

### 시쨩
5. 라사
6. 창뚜
7. 르카즈

### 칭하이
8. 시닝
9. 꺼얼무
10. 위수

### 깐수
11. 란조우
12. 티엔수위
13. 우웨이
14. 린샤

### 닝샤
15. 인촨
16. 꾸위엔
17. 스쭈이산

### 네이멍구
18. 후허하오터
19. 빠오터우
20. 후룬뻬이얼
21. 린허

### 헤이룽쟝
22. 하얼빈
23. 따칭
24. 무단지앙
25. 지아무스
26. 치치하얼

### 지린
27. 창춘
28. 지린
29. 스핑
30. 옌지

### 랴오닝
31. 션양
32. 따리엔
33. 단둥
34. 푸신